QUESTION DU TRAVAIL.

ASSOCIATIONS

POPULAIRES ;

Par M. A. DE SERS,

Ancien Chef d'Escadron d'Artillerie.

TOULOUSE,

IMPRIMERIE DE JEAN-MATTHIEU DOULADOURE,

RUE SAINT-ROME, 41.

1849.

QUESTION DU TRAVAIL.

ASSOCIATIONS POPULAIRES.

Tout le monde vient de voir la grande révolution démocratique qui s'est opérée parmi nous et dans toute l'Europe ; mais tous ne la jugent pas de même. Les uns la croient irrésistible , les autres espèrent la diriger sans cependant l'arrêter.

Les premiers se fondent sur ce que les grands événements qui se sont passés ont constamment profité à l'égalité, et qu'un mouvement social qui vient de si loin ne peut être suspendu par les efforts des générations. Il a détruit, disent-ils, la féodalité, vaincu les rois ; il ne reculera pas devant les bourgeois et les riches. Maintenant qu'il a conquis tous ses droits politiques , le peuple a droit de réclamer une portion de la richesse.

Les seconds leur répondent que cette idolâtrie de la démocratie seule est inhabile à créer, et que le progrès, dont se vantent tant ses zélés défenseurs , ne s'est développé que grâce à un sentiment d'ordre, de conservation, et surtout *chrétien*, qui a voulu de plus en plus affranchir l'homme de l'esclavage et de la misère, qui perpétue tous les autres ; mais que le jour où la démocratie voudra marcher seule et en dehors de toutes les lois conservatrices de la religion et de la famille, elle ne produira que le chaos ; et en effet, les solutions proposées jusqu'à ce jour, depuis la loi agraire jusqu'à Saint-Simon, Fourrier et Proudhon , ne donnent d'autres moyens de sauver la société que de la jeter tout entière dans le gouffre qu'il s'agit de combler : menteurs idolâtres qui donnent le bonheur absolu dans la satisfaction de tous les penchants. Depuis la Révolution de Février, nous avons vu tous ces grands faiseurs à l'œuvre ; qu'ont-ils produit ? la misère et l'anarchie.

Le parti modéré sait très-bien que les garanties de conservation ne suffisent pas au peuple, et qu'il lui faut des garanties de progrès ; aussi, en examinant de bonne foi le mouvement de progrès pour la classe pauvre, avant la révolution de février, on est obligé de reconnaître qu'il était immense, mais qu'il passait inaperçu pour les masses. Les revenus publics s'étaient accrus de 40 pour 100, et cet accroissement n'avait aucun rapport visible avec celui de la population. Il impliquait dès lors un progrès correspondant dans la consommation, c'est-à-dire dans le bien-être des contribuables, et dans la production, c'est-à-dire dans leur avenir. Or, il n'est pas difficile de comprendre que cet immense progrès portait principalement sur les classes inférieures. La statistique de la cote foncière qui n'indiquait pas le nombre des propriétaires, mais qui reflétait assez fidèlement la fluctuation de la propriété, nous fournit aussi un corollaire curieux de cette loi trop inaperçue du progrès matériel des masses.

Dans une période de sept ans, le nombre des cotes foncières s'était accru de 5 à 22 p. 100. Sans doute la propriété tend naturellement à se diviser, à mesure que s'accroît la population ; mais la population n'augmentant, pendant chaque période septennale, que de 3 p. 100 environ, il est évident que cette énorme différence ne peut s'expliquer que par une invasion rapide du prolétariat dans les catégories de ceux qui possèdent le sol et l'immeuble. Ajoutons à cela les caisses d'épargnes, assaillies par tant de déposants, que l'on craignait leur action sur le crédit public, et l'on sera obligé de reconnaître que si ce mouvement de progrès par le prolétariat s'était soutenu, il n'aurait laissé en France, dans cinquante ans, presque que des propriétaires.

La Révolution de Février, avec ses ardents démocrates et ses menteurs socialistes, a non-seulement arrêté ce progrès, mais l'a détruit d'une manière tellement effrayante que les honnêtes gens, vraiment amis de leur pays, tremblent pour l'avenir, et ne savent comment ramener les classes ouvrières au progrès. Cette classe qui avait progressé plus vite que les classes riches aux époques prospères, a reculé encore plus vite dans ce temps de crise. Quand l'activité matérielle chôme, le capitaliste cesse uniquement de s'enrichir et entame tout au plus ses capitaux. Mais l'ouvrier intelligent et laborieux, qui se voyait à la veille de devenir propriétaire, dépense son épargne, s'endette, et l'orage passé, la distance qui l'en séparait se trouve considérablement agrandie. L'ouvrier, alors, qui ne comprend guères la complication et la sensibilité du crédit, croit que, lorsque le crédit se contracte sous le choc du dehors et que le travail s'éteint, c'est que le capitaliste cache ses capitaux; il ne connaît pas le merveilleux effet de la circulation, il ne sent pas qu'un écu qui circule cent fois dans un jour représente cent écus (1). Le peuple crie à l'enfouissement, et contribue de plus en plus à arrêter la circulation et par conséquent le crédit. Cependant il n'y a eu ni accaparement ni en-

---

(1) En 1817, un Préfet du Gard voulut se rendre compte de ce fait; pour cela il envoya à la foire de Beaucaire un Conseiller de Préfecture, chargé de mettre à la disposition du commerce un sac de mille francs, bien scellé et garni d'un grand nombre d'étiquettes de parchemin, pour recevoir les signatures des négociants qui auraient besoin de cet argent. Ce magistrat fit crier, au commencement de la foire, que ce sac était à la disposition du public, qui en profita tellement qu'à la fin de la foire il avait servi à 400 transactions, et avait fait pour 400,000 fr. d'affaires.

fouissement, mais uniquement défaut de circulation. Or, ce n'est ni le propriétaire ni le capitaliste qui précipitent ou retiennent à leur gré la circulation. C'est l'événement, qui est d'autant plus déplorable que le peuple reste plus longtemps sans travail. Dans ce moment, en France, c'est donc une des questions les plus pressantes que de trouver le moyen : 1° de créer du travail pour la classe ouvrière ; 2° que ce travail soit productif pour tous ; 3° que le Gouvernement ne soit pas obligé, pour arriver à ce but, de créer de nouveaux impôts ; 4° enfin, que le produit de ce travail vienne en aide aux caisses d'épargne, et crée des immeubles sur lesquels puissent s'hypothéquer les économies de l'ouvrier.

La richesse d'un pays ne dépend pas seulement de la grande quantité de numéraire qu'il possède ; la beauté de ses villes, le grand nombre de ses canaux, de ses chemins de fer, de ponts, de travaux d'irrigation, de défrichement, de fabriques, qu'il a pu créer, en forment la plus grande partie. Aussi le peuple qui aura pu parvenir à se faire donner tous les immeubles d'utilité publique dont il a besoin, qui aura développé sur son sol toutes les richesses de production dont il est susceptible, sera le plus riche possible. Tous ses efforts doivent donc se diriger vers ce but. Mais s'il veut obtenir tous les degrés de prospérité, il faut que cette fortune nouvelle ne soit pas élevée dans l'intérêt de quelques-uns, mais qu'elle aille porter l'aisance et la propriété dans les masses populaires ; il ne faut pas commettre la faute de l'Angleterre, ce pays si riche en monuments de toute espèce, mais où les immenses travaux exécutés n'ont fait qu'augmenter les propriétés de ceux qui possédaient déjà, sans porter le moindre secours au paupérisme qui la dévore.

En France, où tant d'établissements d'utilité publique sont à faire, où l'agriculture réclame tant d'améliorations, et où ils doubleraient la valeur capitale du pays, s'ils

Alors ils seraient soignés gratis et recevraient 1 fr. par jour d'indemnité, et de plus, les 0,15 c. de la retenue seraient portés sur leur livret, comme s'ils avaient travaillé. Ces fonds seraient pris sur des sommes affectées à cela, comme on le verra plus tard.

Les ouvriers qui voudraient s'absenter, seraient obligés d'en prévenir le chef de leur atelier; ils se feraient remplacer ou verseraient leurs 0,15 c., comme s'ils étaient présents.

Les ouvriers qui s'absenteraient pour grèves, débauches, etc., seraient punis d'une amende, et verseraient les 0,15 c. de leur action pendant tous les jours de chômage. Si pareille chose se renouvelait, ces ouvriers de désordre seraient rayés des membres de la société; la moitié des sommes déjà versées par eux leur serait rendue, et l'autre moitié viendrait augmenter les fonds destinés à donner des secours aux ouvriers sociétaires.

Je ne crois pas devoir entrer dans d'autres détails sur le règlement de cette Société; ce serait le travail de la Commission nommée par l'autorité. J'ai voulu seulement indiquer que la rentrée du capital social était chose possible. Il me reste maintenant à faire voir comment seraient réparties les sommes versées par les actionnaires et à combien d'industries elles pourraient profiter. La recette municipale serait celle qui y trouverait le plus d'avantages, par le mouvement donné à toutes les branches d'industrie.

Distribution du versement de 1,728,000ᶠ entre les diverses industries de la ville de Toulouse.

Façade du Capitole.........	1000000ᶠ	
Ecole de natation...........	60000	
1 Lot d'une maison bâtie par la société.	30000	
2 Lots d'argent de 10000ᶠ......	20000	
2 Lots de 2 maisons de 15000ᶠ...	30000	
60 Lots de 60 maisons de 4000ᶠ...	240000	p. les ouvriers seuls.
10 Lots de 10 voitures de 3000ᶠ chaque.	30000	
40 Lots de 40 voitures, harnais, etc., de 1200ᶠ chaque.....	48000	
10 Lots d'ameublements de 2000ᶠ.	20000	
50 Lots *idem* de 500ᶠ..	25000	
300 Lots *idem* de 150ᶠ..	45000	p. les ouvriers seuls.
500 Lots d'habillements complets de 50ᶠ chaque..........	25000	p. les ouvriers seuls.
50 Lots d'orfévrerie, 200ᶠ.......	10000	
200 Lots *id.* montres, etc., à 30ᶠ.	6000	p. les ouvriers seuls.
1000 Lots de chemises, à 8ᶠ.......	8000	p. les ouvriers seuls.
1000 Lots de chaussures, à 7ᶠ......	7000	p. les ouvriers seuls.
500 Lots de coiffures, chapeaux, casquettes, etc., à 6ᶠ........	3000	p. les ouvriers seuls.
200 Lots de livres reliés, à 30ᶠ....	6000	
300 Lots de livres reliés, à 6ᶠ.....	1800	p. les ouvriers seuls.
Intérêts des 27000 actions à 3 p. %...............	43620	
Intérêts des 5000 actions d'ouvriers à 4 p. %..........	10960	
Caisse de secours et d'administration.	58620	

4225 Lots.	1728000

dont 3610 pour les ouvriers seuls, valant 315,800 fr., sans compter qu'ils ont aussi droit aux autres lots. Ainsi les ouvriers recevraient déjà en lots plus que leur verse-

et établis dans le même esprit que ceux détaillés ci-
dessus

Ce que je viens de dire pour la ville de Toulouse, peut
s'appliquer à tous les autres centres de population, et
même à beaucoup de travaux agricoles, tels qu'irrigations,
défrichements, etc. Si j'énumérais les nouvelles richesses, dont on pourrait doter ainsi le pays, on verrait
qu'elles peuvent être évaluées à plusieurs milliards.

C'est cette immense propriété qu'il s'agit de créer et de
distribuer en grande partie au peuple, sans venir détruire
celles qui existent déjà et qui ont été si justement acqui-
ses. Le moyen que j'indique, en appelant le concours de
tant de monde pour créer ces nouvelles richesses, établi-
rait des liens d'intérêt entre toutes les classes de la société
et en garantirait la stabilité. Ce n'est pas, je le répète,
un impôt, ni une aumône que je demande; c'est une
participation de tous à la prospérité et au progrès matériel de notre belle patrie. Les monuments qui s'élève-
raient ainsi, consacreraient la fusion de toutes les classes
de la société dans un sentiment de fraternité réel, puis-
qu'il serait basé sur la communauté d'intérêts.

A. DE SERS.

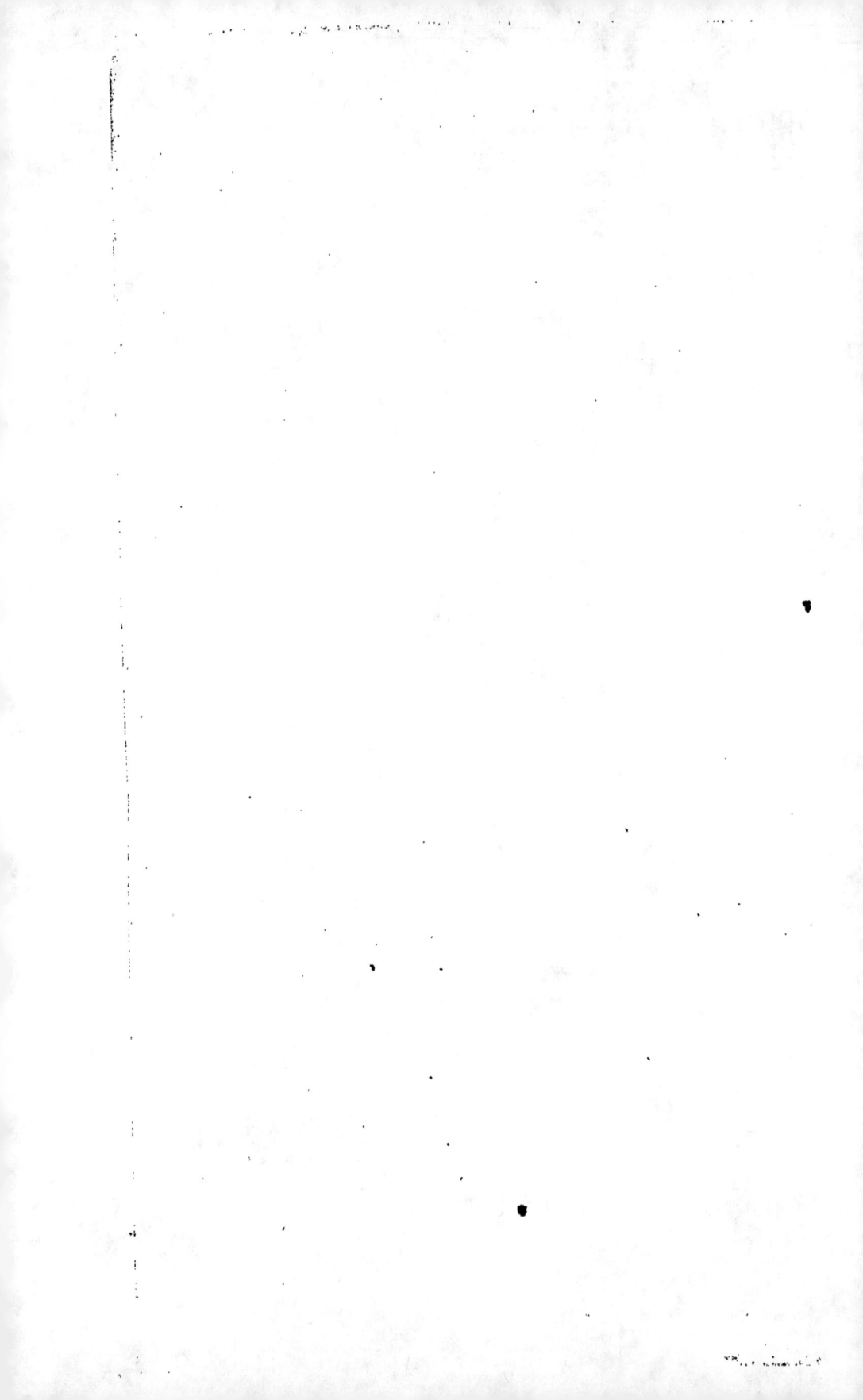

www.ingramcontent.com/pod-product-compliance
Lightning Source LLC
Chambersburg PA
CBHW060732280326
41933CB00013B/2608